मैं हूँ कौन?
Mai Hoon Kaun?

यह किताब (Yeh Kitab)......................की है (ki hai)।

लेखन और चित्रांकन: 'हिन्दी के बोल' समूह
Lekhan aur chitrankan: 'Hindi kay bol team'

Copyright © Priya Gupta, 2022

www.hindikaybol.com

All Rights Reserved.

Designed by 'www.arcreativewings.com'

No part of this publication may be reproduced, distributed, or transmitted in any form or by any means, including photocopying, recording, or other electronic or mechanical methods, without the prior written permission of the author, except in the case of brief quotations embodied in critical reviews and certain other non-commercial uses permitted by copyright law.

www.hindikaybol.com

Follow us on Facebook/ Instagram
@ hindikaybol to find out about live online classes.

ISBN 13 Hindi version : 978-93-5566-713-7

ISBN 13 Hindi with English transliteration : 978-93-5627-455-6

सभी चित्रकारों को धन्यवाद!

Thanks to the illustrators of this book for giving it life.

- Aadya Rao
- Aanya Chakravarti
- Aarna Rao
- Anushka Patel
- Avni Manish
- Farhan Kittur
- Girish Prasad
- Miraya Singhal
- Rohan Ponnaboyina
- Tanishi Chakravarti
- Vivaan Patel
- Yash Ponnaboyina

Special thanks for 'Cover art'
Avyan Singhal, Aadya Aggarwal,
Aarish Gupta, Miraya Singhal

_____ ... Priya

Vowels / स्वर (swar)

अ	आ	इ	ई	उ	ऊ	ऋ
a	aa	i	ee	u	oo	ri

ए	ऐ	ओ	औ	अं	अः
a	ae	o	au	am	ah

Consonant / व्यंजन (vyanjan)

क	ख	ग	घ	ङ
ka	kha	ga	gh	ng

च	छ	ज	झ	ञ
ca	cha	ja	jha	ña

ट	ठ	ड	ढ	ण
ṭa	ṭha	ḍa	ḍha	ṇa

त	थ	द	ध	न
ta	tha	da	dha	na

प	फ	ब	भ	म
pa	pha	ba	bha	ma

य	र	ल	व
ya	ra	la	va

श	ष	स	ह
sh	sh	sa	ha

क्ष	त्र	ज्ञ
ksh	tra	gya

¹सफ़ाई मेरा दूसरा नाम
Safai mera doosra naam

घर हो या ²दूकान
ghar ho ya dukaan

लेकिन जादू की ³दुनिया में
lekin jadoo ki duniya mein

⁴उड़ना मेरा काम
udna mera kaam

1. Cleaning   2. Shop   3. World   4. To fly

झाडू Jhadoo

आद्या राव (Aadya R...)

¹सिक्का हूँ मैं ²चांदी का
Sikka hoon mai chandi ka

बढ़ता-घटता हर दिन
badhta ghat-ta har din

कहलाता हूँ ³मामा
kehlaata hoon mama

रात ⁴अंधेरी मेरे बिन
raat andheri merey bin

1. Coin   2. Silver   3. Uncle   4. Dark

तनीषी चक्रवर्ती (Tanishi Chakra)

छः फुट से भी लंबा
Cheh foot se bhi lamba

सूरज से मैं करता प्यार[1]
sooraj se mai karta pyaar

पीला, सुंदर और बड़ा
peela, sundar aur badaa

भूल-भुलैया[2] का खुला द्वार[3]
bhul-bhulaiya ka khula dwaar

1. Love 2. Maze 3. Gate

कुछ¹ चमकीला और गोल
Kuch chamkeela aur gol

जिस में दिखते सात रंग
jisme dikhte saat rang

फूँक² से मैं ऊपर जाता
foonk se mai upar jaata

लेकिन ³उंगली से घबराता
lekin unglee se ghabrata

1. Shiny   2. Puff of breath   3. Finger

अन्दर सफ़ेद, बाहर से भूरा
Ander safed, baahar se bhoora

एक कभी न पड़ता पूरा
ek kabhi na padta poora

¹मिठाई का हूँ मैं ²राजा
mithai ka hoon mai raja

गरम-गरम, ³ताज़ा-ताज़ा
garam-garam taaza-taaza

1. Sweets   2. King   3. Fresh

गुलाब जामुन
Gulabjamun

रोहन पोत्राबोइना (Rohan Ponnab

बहुत¹ नरम बहुत गरम
Bahut naram, bahut garam

सब के लिए ²सेहतमंद
sab ke liye sehatmand

हर सब्ज़ी की ³सहेली
har sabzi ki Saheli

मैं हूँ एक ⁴आसान ⁵पहेली
mai hoon ek asaan paheli

1. Soft 2. Nutritious 3. Friend(female) 4. Easy 5. Riddle

चलती रहती कभी न ¹थकती
Chalti rehti kabhi na thakti

न ²चप्पल पहने न जूते
na chappal pehne na joote

तीन हाथ हैं मेरे
teen haath hain merey

जो बारह घरों में ³घूमते
jo barah gharo mein ghoomte

---

1. Tired   2. Flip-flops   3. Roam/travel

¹पंख हैं मेरे ²रंग-बिरंगे
Pankh hai merey rang-birangey

³सजते ⁴कृष्ण-मुकुट पर
sajte Krishna-mukut par

जब-जब होती तेज़ बारिश
jab-jab hoti tez baarish

⁵नाचता हूँ मैं इन्हें खोल कर
nachta hoon mai inhe khol kar

1. Feathers   2. Colorful   3. Adorn   4. Krishna's crown   5. Dance

मैं हूँ घर की ¹रौनक
Mai hoon ghar ki raunak

करती ²स्वागत धूप का
karti swagat dhoop ka

रखती बाहर ³अनचाहे
rakhti baahar unchahe

⁴मच्छर, बारिश, ठंड, हवा
macchar, baarish, thand, hawa

1. Splendor   2. Welcome   3. Unwanted   4. Mosquito

¹Bin ²gandh ka phool mera
बिन गंध का फूल मेरा

bin ³daali ka ped
बिन डाली का पेड़

bin ⁴beej ka hoon mai fal
बिन बीज का हूँ मैं फल

dekho, ⁵chilke par na jaana ⁶fisal
देखो, छिलके पर न जाना फिसल

1. Without 2. Scent 3. Branch 4. Seed 5. Peel 6. Slip

काला, भूरा या सफ़ेद
Kaala, bhoora, ya safed

तीन हैं मेरे रंग
teen hai merey rang

¹शहद मुझे लगता है ²स्वाद
shahad mujhe lagta hai swaad

और मछली है ³मनपसंद
aur machli hai manpasand

1. Honey   2. Tasty   3. Favorite

इडली, डोसा और समोसा
Idli, dosa aur samosa

सबकी हूँ मैं¹ साथी
sabki hoon mai saathi

²खट्टा, मीठा और ³तीखा
khatta, meetha aur teekha

हर ⁴रूप मेरा ⁵अनोखा
har roop mera anokha

1. Companion   2. Sour   3. Spicy   4. Form   5. Unique